ヒギンズさんが撮った 西武鉄道

コダクロームで撮った1950～70年代の沿線風景

写真：J.Wally Higgins　　所蔵：NPO法人名古屋レール・アーカイブス

解説：安藤 功

豊島園駅からの電車が練馬駅に入る。電車は初代411形、この年に初代501形から改番された。
◎練馬付近　1958（昭和33）年12月21日

北多磨駅への築堤を上がるモハ151形、遠くに富士山を望む。
◎北多磨～競艇場前　1962（昭和37）年3月16日

西武の沿線案内図 （所蔵・文：生田 誠）

◎西武鉄道沿線御案内（図絵）【昭和戦前期】
常光が描いた西武鉄道沿線御案内で、旧・西武鉄道時代の村山線（現・新宿線）と軌道線（後の都電杉並線）、大宮線、安比奈線（貨物線）が描かれている。村山線の起点としては山手線の内側に赤い実戦が延びた先に早稲田駅が描かれているが、これは計画線上で実際には開業できなかった幻の駅である。一方、東村山駅から箱根ケ崎駅に至る路線は計画線を示す点線となっている。なお、「箱根ケ崎」を名乗る駅は1931（昭和6）年、国鉄八高線の駅として開業している。

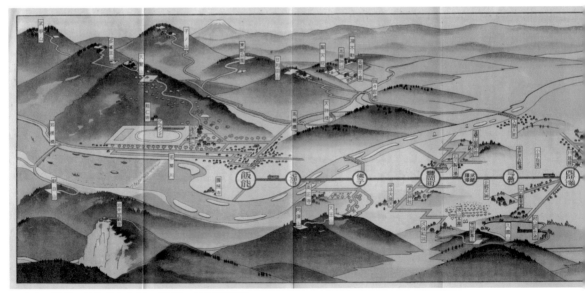

◎武蔵野鉄道沿線名所案内【大正後期〜昭和戦前期】
池袋駅から飯能駅まで真っすぐに伸びる形で描かれている武蔵野鉄道（現・西武池袋線）の沿線名所案内である。この時期に練馬駅から延びる豊島線は存在せず、現在の豊島園駅は開業していない。また、現・大泉学園駅は「東大泉」の駅名を名乗っていた。一方、所沢駅で現在、接続している西武新宿線は、前身の「川越線」としてかなり省略した形で描かれている。1924（大正13）年に開業した田無町駅が「ひばりが丘」に駅名を改称するのは戦後の1959（昭和34）年である。

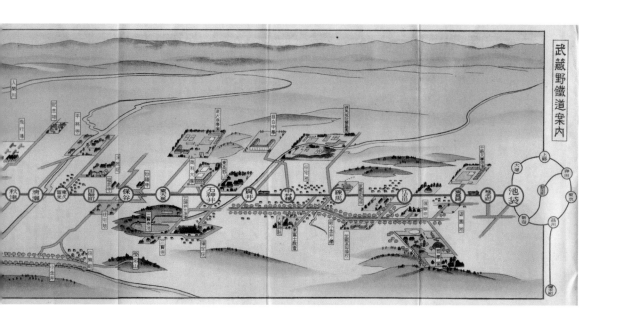

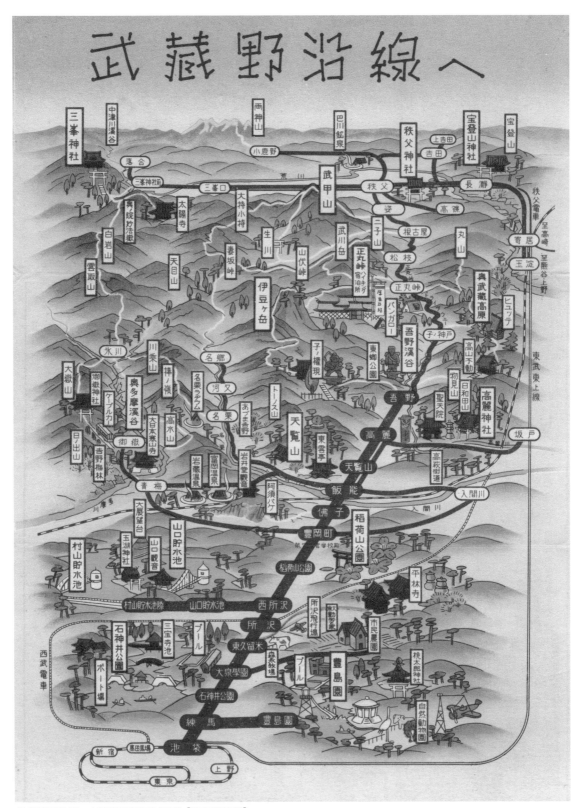

◎**武蔵野沿線へ（武蔵野鉄道路線図）【昭和戦前期】**
池袋駅を起点とした武蔵野鉄道の路線図ではあるが、現・池袋線の終点である吾野駅と、戦後に秩父方面へ延ばす先の現・西武秩父駅付近の観光名所が主体として描かれている。また、都心に近い場所では石神井公園のプール、ボート場、豊島園のプールなどの行楽地がピックアップされている。西所沢駅から村山貯水池際（現・西武球場前）駅まで延びる現・狭山線の沿線付近の名所も大きく描かれており、山口貯水池（狭山湖）、村山貯水池（多摩湖）、山口観音などが見える。

◎西武電車沿線御案内図【昭和戦前期】

上から大宮線（後に廃止）、村山線（現・新宿線）、軌道線（後の都電杉並線）という３本の路線が平行して描かれている西武電車の沿線御案内図。左上に安比奈線（貨物線）が見え、左下に武蔵境駅から是政駅まで延びる多摩川線が存在している。この路線はもともと多摩鉄道が開いたもので、1917（大正６）年に開通し、1922（大正11）年に是政駅まで延伸している。東村山駅の先に延びる現・西武園線は、村山貯水池前（現・西武園）駅が終着駅となっている。

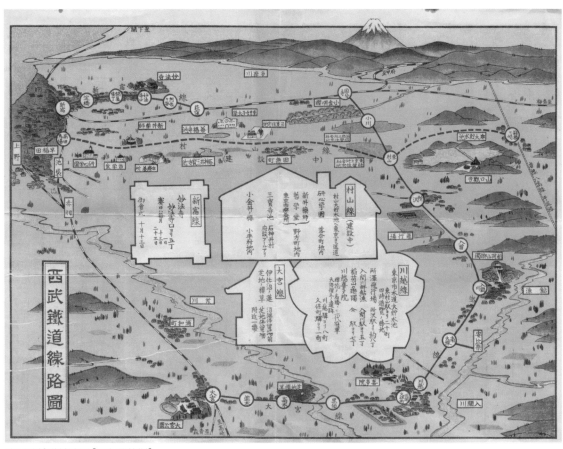

◎**西武鉄道線路図【昭和戦前期】**
現在の西武新宿線が予定線（村山線、点線）で描かれている旧・西武鉄道時代の路線図で、都心側が左上になっている。
右上に見える東村山駅からは予定線が点線で描かれており、終着駅となる予定の場所には、省線（国鉄）八高線の予定線
が走っている。西武鉄道の駅となるはずの箱根ケ崎駅は、1931（昭和6）年に八高線の駅として開業した。全体的に大
きな地図だが、新宿駅と荻窪駅の間を結ぶ新宿（後の都電杉並）線はかなり短い線となっている。

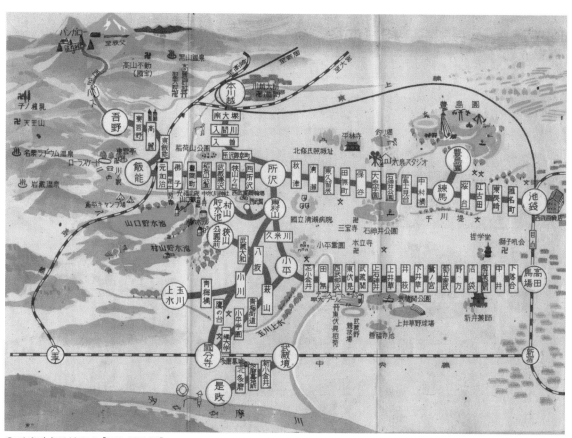

◎西武電車沿線案内【昭和戦後期】

現在のような西武鉄道の路線がほぼ出来上がっている戦後の西武電車の案内図。なお、現在の拝島線は小川〜玉川上水間の路線だけで、拝島駅までの区間はまだ開通していない。この当時の上水線は1950（昭和25）年に小川〜玉川上水間が営業を開始し、その後の1968（昭和43）年に玉川上水〜拝島間が延伸して、拝島線と改称した。既に新宿〜荻窪間の西武軌道線は分離されていた。池袋駅付近には西武百貨店が誕生している。

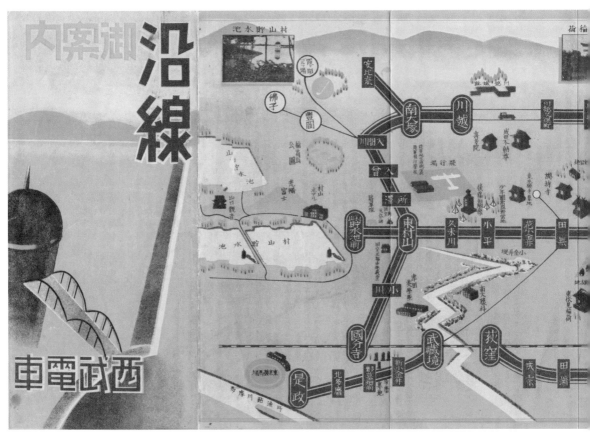

◎**西武電車沿線御案内【昭和戦前期】**
全体的に黄色味を帯びた地図であり、西武電車の路線が赤く描かれている。地味に写るのは川や池といった水のある場所が青（水）色では白く塗られているからである。その中では、中央付近に見える三宝寺池と冨士見池、善福寺池がかなり大きいのではないか。特に現・新宿線の武蔵関、東伏見駅付近に見える冨士見池は、現在の姿とは形も大きさも異なっている印象を与える。この付近には東伏見稲荷、早大運動場があり、東伏見分譲地が広がっていた。

◎**西武電車沿線御案内【昭和戦後期】**
赤・緑・黄・水色という４色で塗り分けられている、戦後の西武電車の沿線御案内。現・新宿線を中心とした戦前のものと比べても、西武軌道線と大宮線が消えて池袋線が加わったことで、バランスのいい構図になっている。新宿・池袋線という２本の路線の配置でスッキリとして、さらに見やすい構図に変わったのは左下を流れる多摩川の存在もある。この大河とともに、左上の名栗川・入間川にスポットが当たっていることも好材料である。

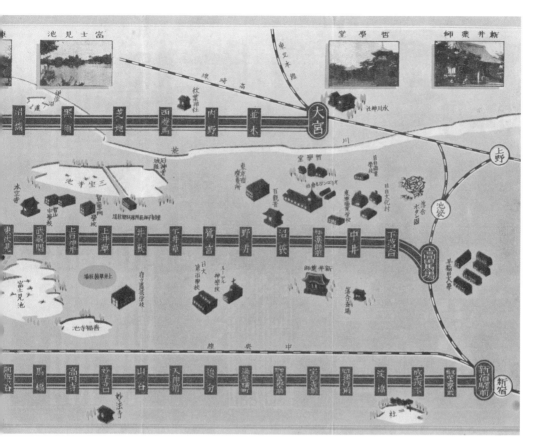

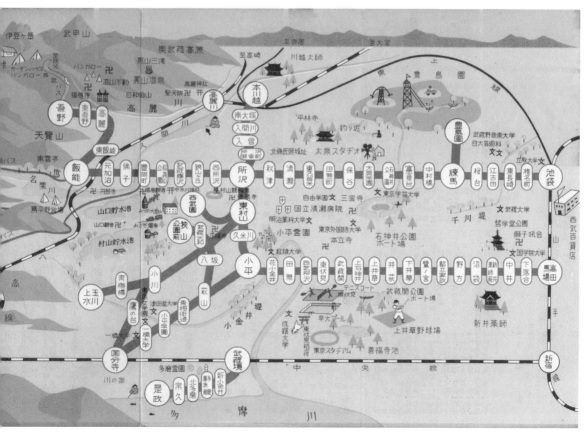

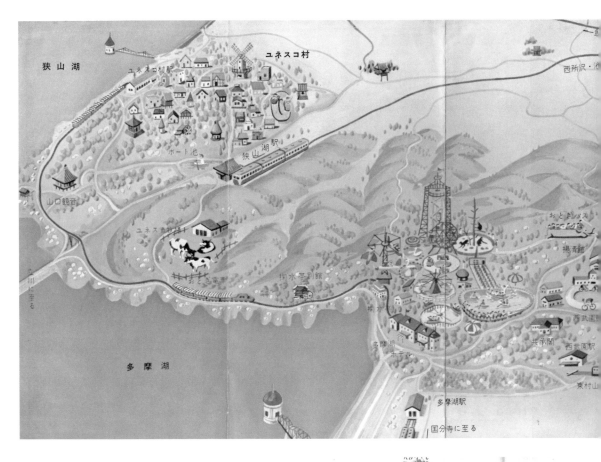

◎西武電車沿線案内（1953年）
カラフルで楽しい戦後の西武鉄道の沿線案内図で、鉄道とともに同社関連の遊園地などが大きく扱われている。まず、目につくのは戦前から存在した遊園地「豊島園」で、その後は「としまえん」となって、2020（令和2）年まで関東一円の人々に親しまれてきた。もうひとつは狭山湖、多摩湖を控えた所沢周辺で、ここには「ユネスコ村」と「西武園」が存在した。そのほかにも「多磨霊園」や「三宝寺ボート池」「哲学堂公園」などが描かれている。
◎所蔵：名古屋レール・アーカイブス

◎西武園ユネスコ村（1957年）

1929（昭和4）年に村山公園駅として開業し、その後は休止していた山口線の駅は、戦後の1951（昭和26）年に狭山線の狭山湖駅として復活した。これが現在の西武球場前駅だが、この先には人造湖の多摩湖、狭山湖があり、この当時は「ユネスコ村」（後に閉園）と「西武園」という2つの遊園地が広がっていた。一方、多摩湖駅からユネスコ村駅へ至る路線は現在の山口線の前身で、1984（昭和59）年に遊園地前～ユネスコ村間は休止され、翌年に現在の山口線が開業すると、ユネスコ村駅は廃止された。

◎所蔵：名古屋レール・アーカイブス

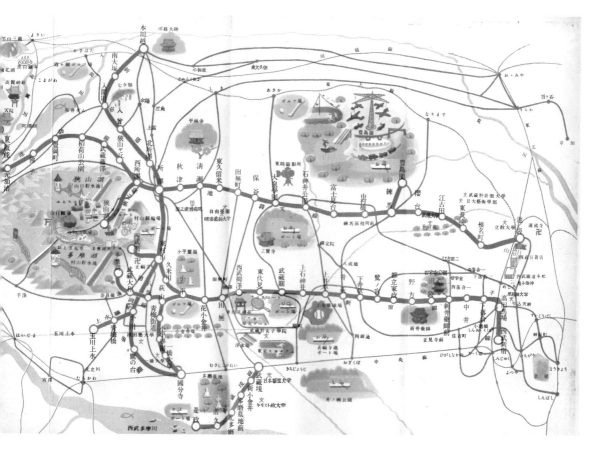

昭和初期の西武沿線地図 （文・生田 誠）

帝国陸軍陸地測量部発行「1/25000地形図」

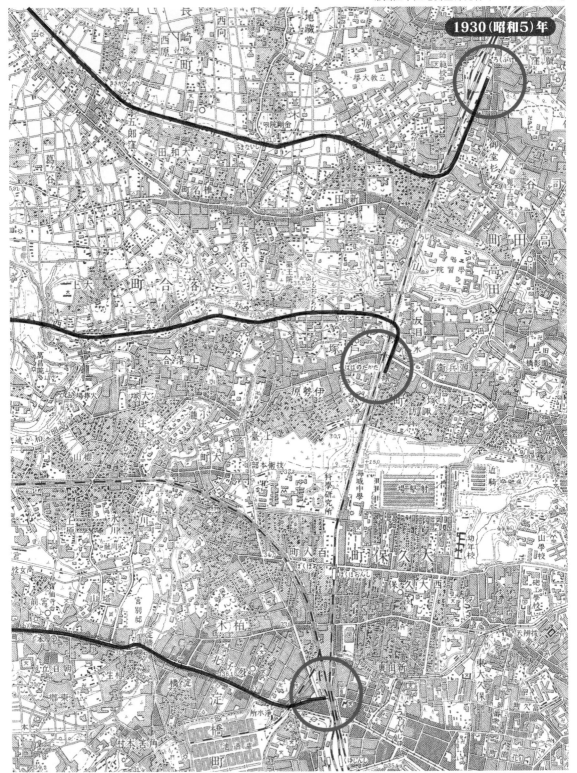

1930（昭和5）年

戦前に誕生した私鉄各線が郊外に向けて路線を延ばした1930（昭和5）年の新宿・池袋周辺の地図で、西武関連では池袋駅から武蔵野鉄道（現・池袋線）、高田馬場駅から村山線（現・新宿線）、新宿駅から西武軌道線（後に都電杉並線、廃止）が延びていた。この当時、池袋を出た武蔵野鉄道の電車はまず、上り屋敷駅に停車していたが、1929（昭和4）年開業のこの駅は1945（昭和20）年に休止、その後に廃止された。先に見える椎名町駅、東長崎駅は以前から存在し、3駅の開業年は異なっている。

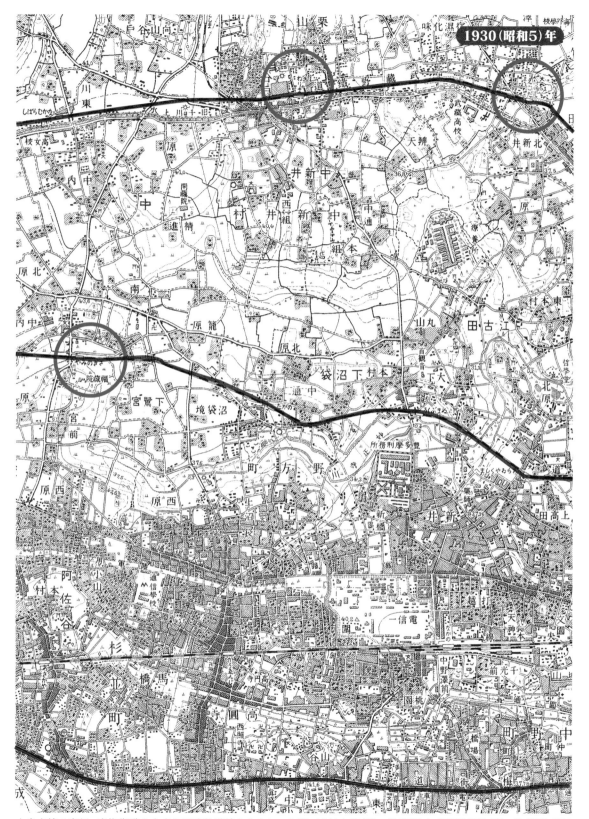

中央本線の南側、青梅街道上を走る西武軌道線とともに、北側には村山線（現・新宿線）と武蔵野鉄道（現・池袋線）がほぼ東西に走っている。この時期、村山線の野方〜鷺宮間には現・都立家政は存在していない。この駅は1937（昭和12）年に府立家政駅として開業し、1943（昭和18）年に「都立家政」に駅名を改称した。武蔵野鉄道の江古田〜練馬間に置かれている桜台駅は、1936（昭和11）年の開業のため、この地図には見えない。

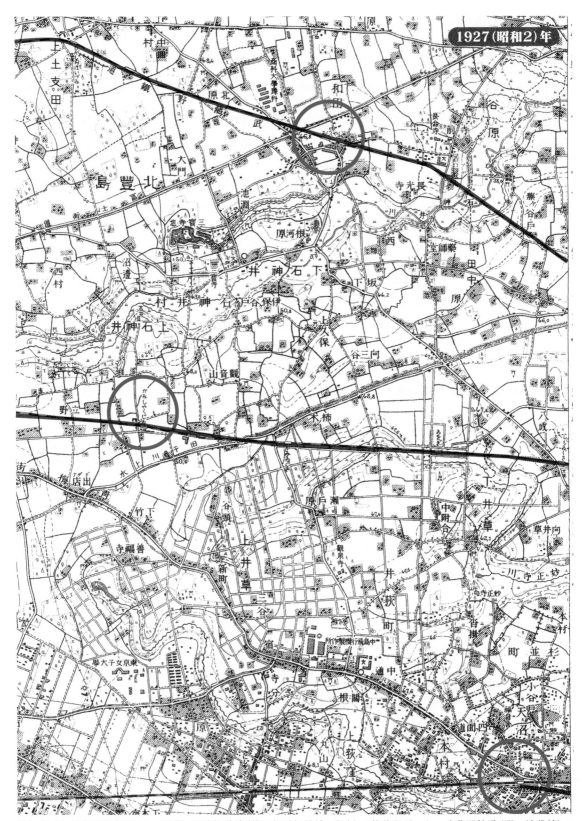

地図右下に見える荻窪駅はこの時期、西武軌道線（後に都電杉並線、廃止）の終着駅だった。武蔵野鉄道（現・池袋線）の石神井駅は1915（大正4）年開業の古参駅で、この3年後の1933（昭和8）年に現在の「石神井公園」に駅名を改称している。隣の東大泉駅は1924（大正13）年の開業で、同じ1933（昭和8）年に現在の「大泉学園」に駅名を改称した。現在、東側の隣駅となっている練馬高野台駅は平成（1994年）に誕生した駅で、当然のことながら記載されていない。

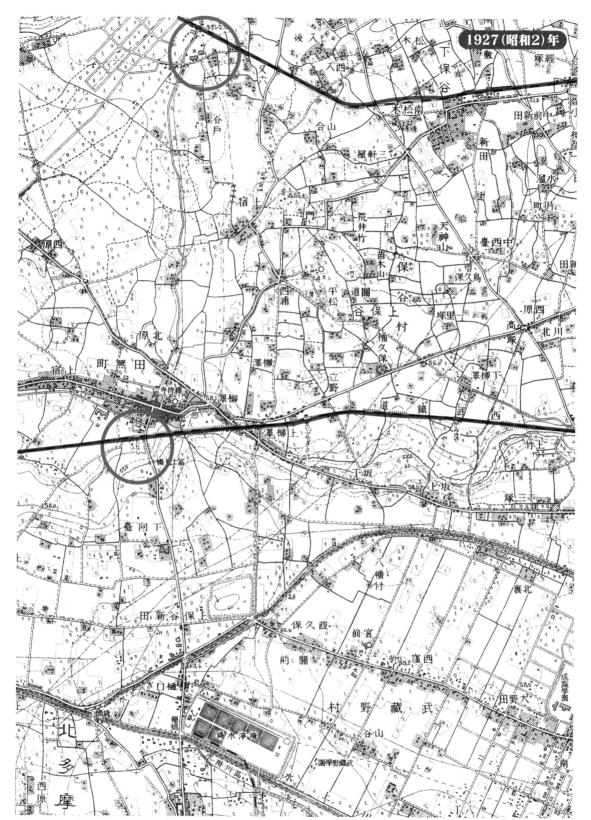

村山線（現・新宿線）線には上保谷駅、西武柳沢駅、田無駅が置かれている。このうちの上保谷駅は2年後の1929（昭和4）年に現在の「東伏見」に駅名を改称する。一方、武蔵野鉄道（現・池袋線）には保谷駅、田無駅が見える。「保谷」と「田無」はこの後、独立した市になるが、2001（平成13）年に合併して、西東京市が成立している。「田無町」は現・ひばりが丘駅のかつての名称で、1924（大正13）年の開業から1959（昭和34）年まで名乗っていた。

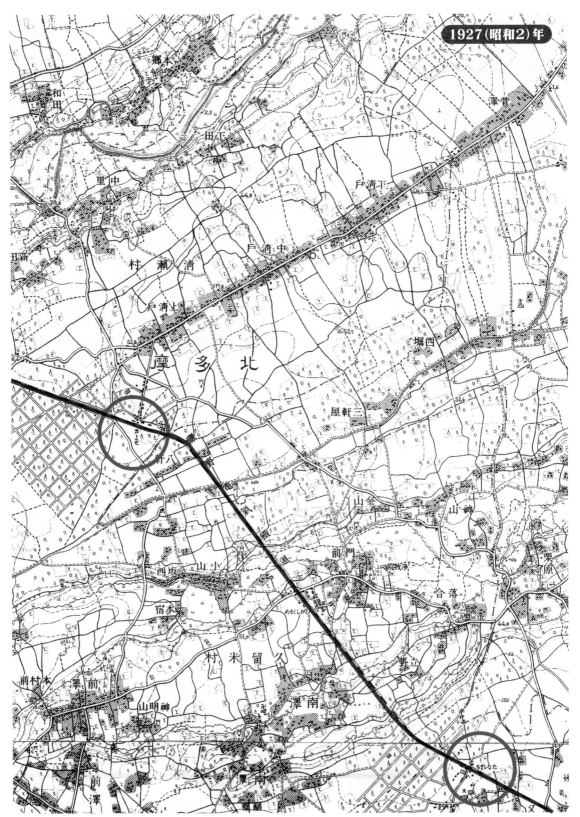

このあたりから武蔵野鉄道（現・池袋線）は北西に向かうようになる。現在では、西東京市を出ると東久留米市に入り、やがて清瀬市になるが、この当時は久留米村と清瀬村があり、まだ市になっていなかった。「田無町」は現在のひばりが丘駅で、この駅と清瀬駅は1924（大正13）年の開業である。一方、2つの駅に挟まれた東伏見駅は、武蔵野鉄道の開業時の1915（大正4）年の開業だった。清瀬村にはこの後、1931（昭和6）年に東京府立清瀬病院（結核療養所）が誕生する。

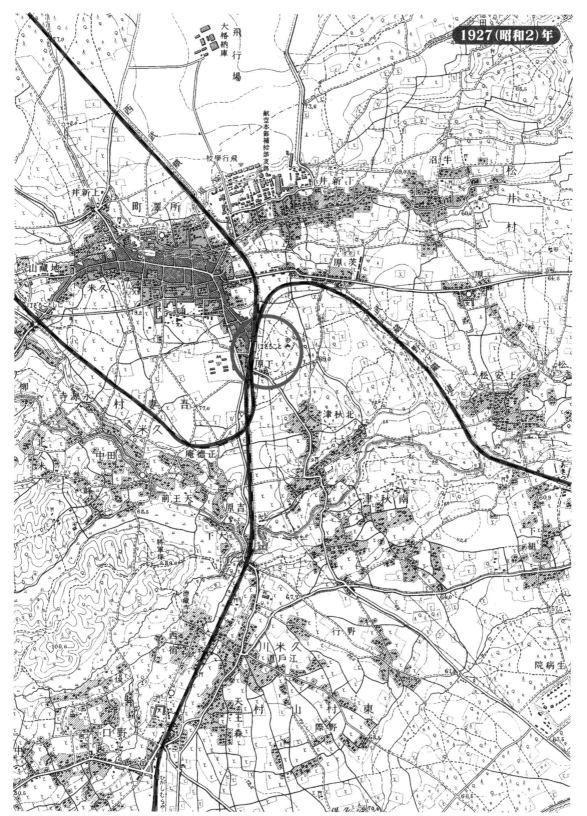

西武鉄道の村山線（現・新宿線）と武蔵野鉄道（現・池袋線）が合流する所沢駅付近の地図である。この当時は、所沢町や松井村、吾妻村、東村山村などが広がっていた。入間郡にあった松井村、吾妻村はこの後、所沢町と合併した後、1950（昭和25）年に所沢市が成立する。所沢駅は1895（明治28）年に川越鉄道（現・新宿線）の駅が誕生し、1915（大正4）年に武蔵野鉄道の駅が開業している。なお、現・新宿線の航空公園駅は1987（昭和62）年に開業した新しい駅である。

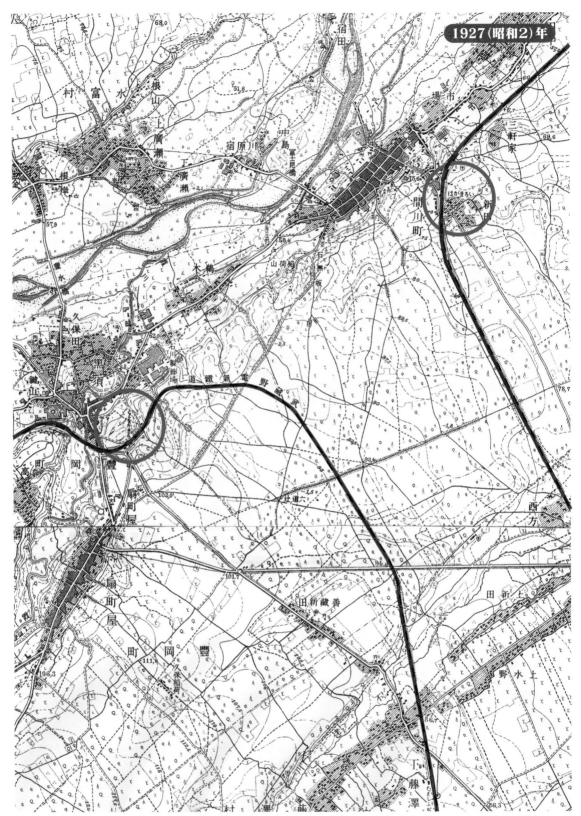

所沢方面から並んで進んできた西武の村山線（現・新宿線）と武蔵野鉄道（現・池袋線）は、この入間（川）付近で離れて
ゆき、それぞれ入間川駅と豊岡町駅に到着する。この入間川駅が現在の狭山市駅であり、豊岡町駅が現在の入間市駅で
あるから少しややこしくなっている。なお、入間市駅と武蔵藤沢駅との間に現在置かれている稲荷山駅公園は、1933（昭
和8）年開業のため、この地図には見えない。両線に挟まれた地域には現在、航空自衛隊の入間基地が広がっている。

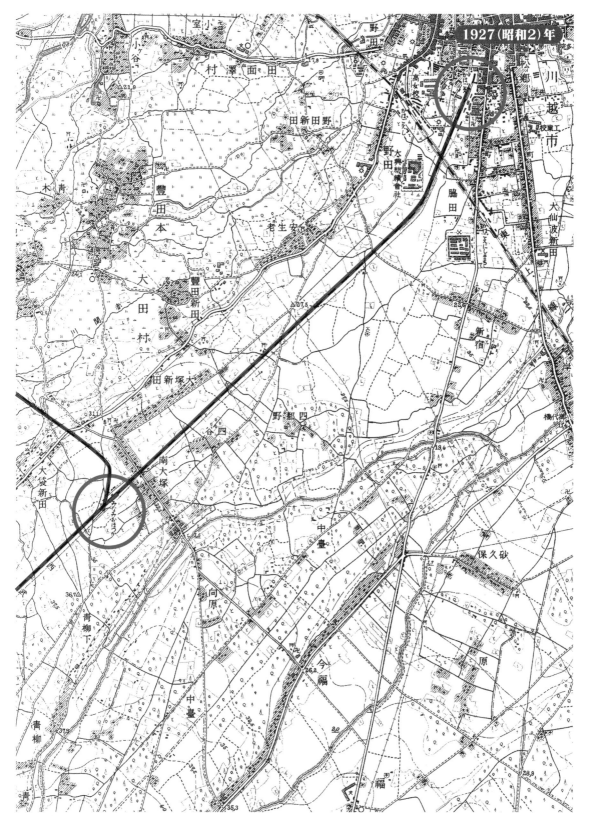

村山線（現・新宿線）と東武東上線の路線が見える現・川越市付近の地図であるが、国鉄の川越線はまだ開通していない。
東上線には川越西町駅と川越市駅が存在し、前者は1940（昭和15）年の国鉄駅開業時に現在の「川越」に駅名を改称した。
西武線の終着駅である川越駅は、1895（明治28）年に誕生した川越周辺で最も古い駅だが、国鉄駅の誕生により、「本川越」
の駅名に改称している。また、南大塚駅からは貨物線の安比奈線が北西に延びていた。

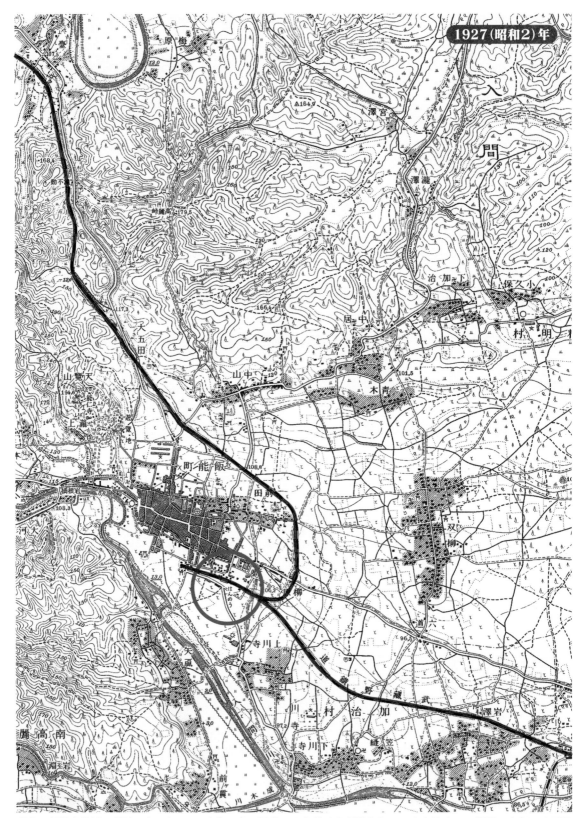

現在の飯能市付近の地図であるが、ほぼ南北に走る国鉄の八高線はまだ見えない。八高線は1931（昭和6）年に八王子
〜東飯能間が開通し、1933（昭和8）年に東飯能〜越生間が延伸している。また、既に開通していた武蔵野鉄道（現・池
袋線）にも東飯能駅は置かれておらず、国鉄駅と同時に開業している。1915（大正4）年に開業した飯能駅は、折り返し
形のスイッチバック方式に線路が配置されており、セメント輸送の貨物スペースがあって駅構内は広かった。

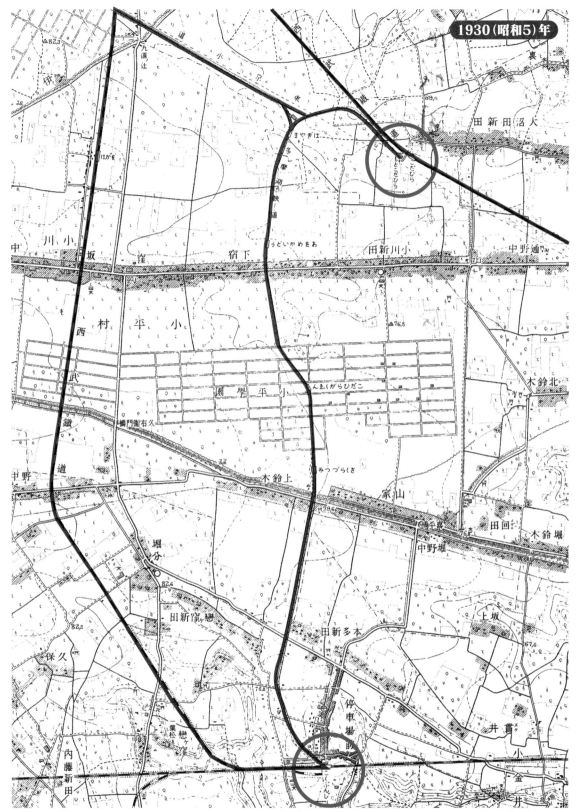

中央線の国分寺駅からは現在、西武鉄道の路線が2本、北方向に延びている。それが地図に見える「西武鉄道」と「多摩湖鉄道」で、現在の国分寺線と多摩湖線である。国分寺線の小川駅は、川越鉄道時代の1894（明治27）年に開業した西武で最も古い駅のひとつ。一方、恋ヶ窪駅と鷹の台駅は戦後の開業で、この地図には見えない。小平学園駅は一橋大学駅とともに、現在の一橋学園駅の前身のひとつである。また、桜堤は1945（昭和20）年に休止され、戦後に廃止となった。

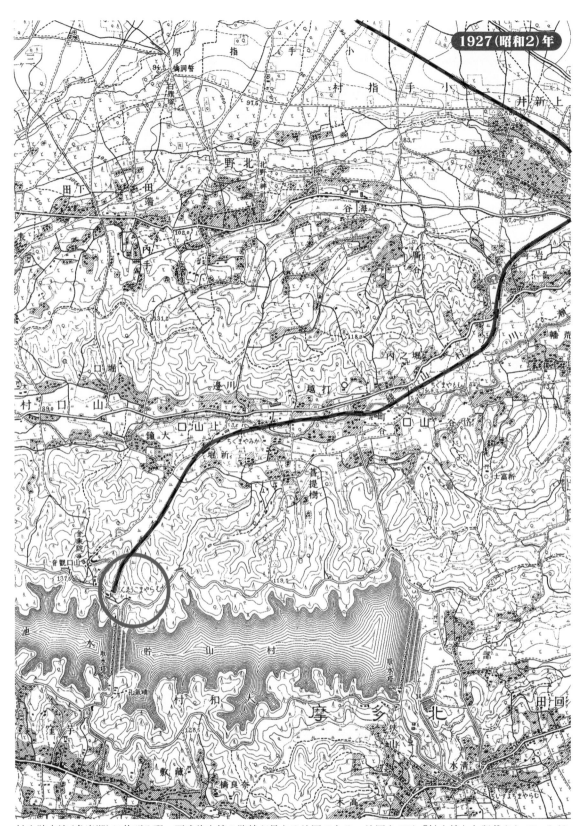

村山貯水池（多摩湖）に伸びる現・西武狭山線の路線が見える地図である。地図上では「村山線」と記載されているが、正式には武蔵野鉄道の山口線で、1929（昭和4）年に開業し、終着駅は村山公園（現・西武球場前）駅だった。この時期、下山口駅と上山口駅が置かれていたが、下山口駅のみ現存している。上山口駅の方は1933（昭和8）年に山口貯水池駅と駅名を改称。その後、再び上山口駅となったものの、太平洋戦争中に山口線が休止になり、駅も休止（後に廃止）された。

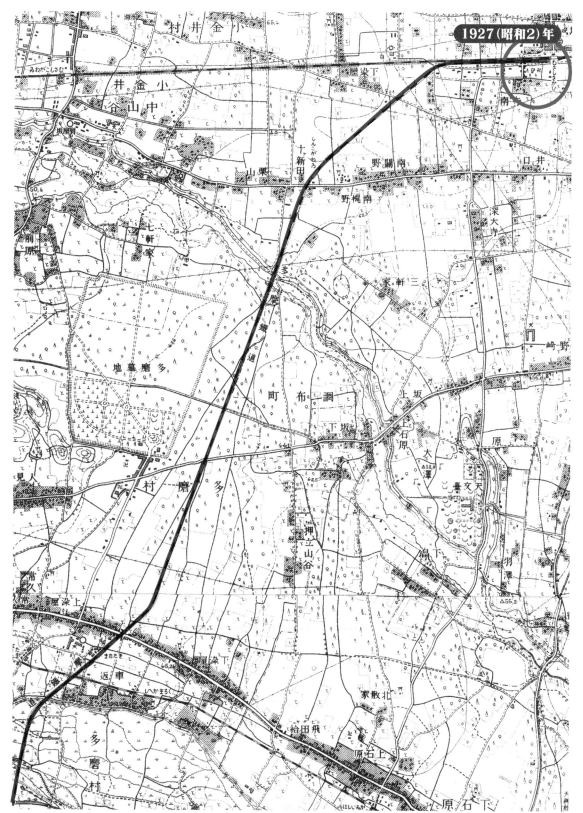

中央線の武蔵境駅から南西に伸びる多摩鉄道の路線が見える。多摩鉄道は多摩川の砂利を運ぶ路線として、1917（大正6）年に開業し、1922（大正11）年に武蔵境～是政間が全通した。西武鉄道に吸収されてからも線名は何度も変わり、多摩線→是政線→武蔵境線→多摩川線となり、現在に至っている。この地図に見える北多磨駅は2001（平成13）年に白糸台駅に改称している。現在の多磨駅は1929（昭和4）年に多磨墓地前駅として開業するため、ここには記載されていない。

質より量！ 1950～60年代の西武鉄道

　　西武鉄道は大きな戦争被害は受けなかったが、戦後の急速な開発で輸送力は逼迫していた。特に池袋線は保谷から先が単線であり、所沢までの複線化は1960（昭和35）年。地上設備を増強しながら電車の増備を行うのは大変なことだった。

　　そこで目を付けたのが国鉄の戦災国電や事故車だった。これらを大量に買い付け西武所沢工場で復旧・更新を施し、戦後すぐの輸送を担った。西武所沢工場はこれ（復旧・更新）で蓄えた技術を元に電車を新製するが、足回りや電装品は国鉄からの中古品で賄っている。

　　在来の武蔵野鉄道や旧・西武鉄道からの引き継ぎ車は、サイズや性能が合わないため、西武所沢工場で再整備して中小私鉄に譲渡された。こうして自社線は大型車で揃え、輸送力をつけたのも西武の大きな特徴といえよう。

　　1960年代までに大手私鉄の各社はいわゆる新性能電車を導入して加減速を高め時間当たりの運転本数を高め輸送力を確保していたが、西武でのカルダン駆動車の登場は1962（昭和37）年の601系からである。しかし、在来車の併結のため旧来のブレーキシステムを踏襲し、1963（昭和38）年から私鉄初の10両運転を行っている。

　　「質」より「量」。1950～60年代の西武鉄道と言えばこの言葉で表せるであろう。

国鉄101系に似た切妻全金属車体を持つモハ451だが、足回りは戦前の国電のお古。この両扉用に開発されたST式戸閉機構は、国鉄103系をはじめ多くの会社で採用されている。お相手のクハは木造国電を鋼体化したもの。形はまちまちだが制御器を国電型に合わせたので連結可能でいろんな形式をつなぎ合わせた編成で使われた。
◎西武新宿～高田馬場（国鉄山手線新大久保駅ホームからの撮影）　1962（昭和37）年8月4日

第1章
西武鉄道

ヒギンズさんが撮った西武鉄道は1956（昭和31）年の吾野駅から1980（昭和55）年の山口線の蒸気機関車までだが、撮影時期は昭和30年代がほとんどで、高度成長期に出てきた601, 701, 801系など大量に作られた電車の写真は全くない。戦前から戦後すぐまでのマスプロ的に作られる前の電車が興味対象だった。

池袋線

西武秩父線

狭山線

新宿線

国分寺線

上水線（拝島線）

多摩湖線

多摩川線

電気機関車・荷物電車

山口線（おとぎ電車）

新宿軌道線（後の都電杉並線）

西武鉄道の時刻表（1959年9月）

池袋線

路線DATA

起点：池袋（東京都豊島区南池袋１丁目）

終点：吾野（埼玉県飯能市坂石町）

駅数：31駅

開業：1915（大正４）年４月15日

全通：1929（昭和４）年９月10日

路線距離：57.8km

　武蔵野鉄道は武蔵野西部の飯能、豊岡、所沢から直接東京を目指して地元資本中心で計画された鉄道。当初は巣鴨を起点に計画されていたが、同時期に計画されていた東上鉄道（現・東武東上本線）との関係もあり、1915（大正４）年に池袋〜飯能間を開業。

　単線の蒸気鉄道で、所沢は川越鉄道の既設駅に乗り入れたため、大きなＳ字カーブを描くことになった。

　車両は機関車６両、客車19両、貨車80両という陣容で、当時の時刻表からは１日８往復の列車が読み取れる。1922（大正11）年から1925（大正14）年にかけて当時先進的な技術の直流1200Vで電化された。

練馬駅の西方、豊島線と分岐した付近。踏切が目白通りで、立体交差化のための盛土からの撮影か。この区間は現在では複々線の高架となり、当時の面影は無い。電車はモハ427で、この年モハ517（初代）から改番された。中間車はサハ1500形のようだ。◎練馬〜中村橋　1958（昭和33）年12月21日

1929（昭和4）年に飯能〜吾野間を付近で産出される石灰石を運ぶために延長開業、また関東大震災後の住宅の郊外移転で乗客が増えたので、池袋〜保谷間を複線化している。

　1924（大正13）年に東大泉（現・大泉学園）駅が開業しているが、堤康次郎氏の箱根土地が手掛けた大泉学園都市の最寄り駅として、氏が駅建設を寄進して開業している。これが堤氏と武蔵野鉄道との関わりの始まりである。

　しかし、鉄道に巨額な投資を行った頃に昭和恐慌となって業績は急速に悪化、東武根津系の富国徴兵保険に競売寸前までになるものの、この時期に株を買い集め経営の立て直しを図り、債務処理を行ったのが堤氏で、武蔵野鉄道は堤系の企業となり1940（昭和15）年に系列の多摩湖鉄道を合併した。

　1945（昭和20）年、陸上交通事業調整法により武蔵野鉄道と(旧)西武鉄道、食糧増産の3社が合併して西武農業鉄道となるが、翌1946（昭和21）年に現在の西武鉄道に改称している。

　武蔵野鉄道の開業時から武蔵野線と呼ばれていたが、1952（昭和27）年の西武新宿駅開業の際に池袋線と改称される。

池袋駅を出て山手線を越える鉄橋を渡る。武蔵野鉄道が免許を取得した区間は、巣鴨〜飯能間だったが、東上鉄道（現・東武東上線）と兼ね合いもあり起点を池袋に変更した。山手線を乗り越して東口へ乗り入れたのは都心に出やすくするためと、当時の国鉄の貨物施設が東側にあったことも関係があろう。電車はクハ1411形で、1954（昭和29）年から製造された20メートル級の制御車、前面貫通路広幅は鋼体化か車体新製したグループである。
◎池袋〜椎名町　1957（昭和32）年2月12日

線路の両側に空き地があるが、かつて上り屋敷駅（1945（昭和20）年休止）があった跡。踏切は池袋3号踏切で現存する。
電車はモハ508で1959（昭和34）年に西武所沢工場で新製された20メートル車の二代目。初代のモハ508は17メートル車
で台車やモーターを二代目に譲り、古い台車とモーターに交換してモハ418（最終的にクモハ358）に改番されている。
写真では見にくいが、TR25台車の枕バネを空気バネに改造した当時の池袋線の主力車種である。
◎池袋～椎名町　1962（昭和37）年3月31日

東長崎駅は昭和40年代まで貨物扱いがあったため、その側線が残っていた。準急西武秩父行きなので東長崎駅を通過するところか。電車はクハ1109で、1969（昭和44）年の西武秩父線開業にあわせ西武所沢工場で新製された。
◎東長崎　1973（昭和48）年6月10日

練馬駅で分岐する豊島線の電車が池袋へ直通する。電車の車番は判読できないが311形で、元・国鉄のモハ50形。戦後
の運輸省規格63形の供与を辞退した西武鉄道は、戦災焼け電や事故車、さらには木造車の17メートル級国電を買い集め、
これを復旧・鋼体化させることで戦後の輸送を支えた。この車両もそのうちの1両である。
◎練馬〜豊島園　1958（昭和33）年12月21日

まだ「武蔵野」を感じる風景だが、ちょうど両駅の中間あたり、今は建て込んで面影はない。電車はモハ415、初代モハ515で20メートル車の2代目新製にあたり改番され、連結相手を木造国電鋼体化のサハ1411形に変えて4両固定編成になった。◎大泉学園〜保谷　1962（昭和37）年4月16日

レッドアローが所沢駅を発車して池袋へ向かう。車番は5507、昭和45（1970）年の西武所沢工場製、当初4両編成だったが、1974（昭和49）年に6両編成化された。当時は6＋4両の10両編成の運用があったため電気連結器を装備している。この車両は1995（平成7）年の廃車後、富山地方鉄道に譲渡されモハ16013となった。現在は「アルプスエキスプレス」となっている。◎所沢　1975（昭和50）年5月9日

所沢駅にクハ1105を先頭にした101系が進入する。◎所沢　1975（昭和50）年5月9日

西所沢駅の飯能方。武蔵野鉄道が発注したE12牽引の貨物列車を、飯能行311系が追い抜く。この頃の西所沢駅は池袋線と狭山線のホームがそれぞれ1本のほか、貨物用の線が2線あった。まだ所沢駅から先は単線区間である。
◎西所沢　1959（昭和34）年5月2日

吾野駅は1929（昭和4）年の開業。飯能〜吾野間は付近で産出する石灰石の輸送のため建設された。背後の山が石灰石鉱山、駅の奥にあるホッパーから石灰石が積み出された。また、付近にケーブルカーを建設して観光地化する計画もあったが、これは実現していない。電車は初代モハ501形（後のクモハ351形）、1954（昭和29）年から製造された当時の新車で「急行 山鳩号 吾野行」のサボがある。当駅から黒山三滝、顔振峠など多彩なハイキングコースがある。
◎吾野　1956（昭和31）年7月29日

西武秩父線

路線DATA

起点：吾野（埼玉県飯能市坂石町）

終点：西武秩父（埼玉県秩父市野坂町１丁目）

駅数：6駅

開業：1969（昭和44）年10月14日

路線距離：19.0km

沿線の観光開発と三菱セメント横瀬工場操業開始にあわせ、製品と燃料輸送のために1969(昭和44)年に開業した。

　堤康次郎氏と石灰石へのかかわりは武蔵野鉄道再建時代まで遡るが、いずれセメント事業も計画していた。

　終戦後、秩父の武甲山麓に採掘権を入手、その後、関東進出を目指していた三菱セメントと共同で、採掘と輸送は西武、三菱は工場を建設しセメントを生産。他社に任せた格好だが、セメント事業を果たした格好。また両者の利益が一致したことで建設費のかさむ山岳線の建設を可能にしたと言える。

撮影場所は池袋線内だが西武秩父線東横瀬行のセメント返空列車。横瀬工場で生産されたセメントは東横瀬駅から池袋駅(武蔵野線開業後は新秋津駅)を経由して、隅田川駅・南橋本駅・南甲府駅にあった三菱セメントの各ステーションに配送されている。セメントを運ぶ貨車はタキ1900形で、コロ軸受けになった101900番台、設計元の川崎重工のほか三菱重工も製造に携わっている。◎吾野付近　1975(昭和50)年5月9日

吾野駅東側の高麗川の鉄橋なので池袋線内ではあるが、準急・西武秩父行き電車はクモハ480、1961（昭和36）年にモハ486として新製、翌年欠番整理でモハ480へ、クモハへ称号変更後昭和45年に6両編成化。451系の主電動機は100KWと低出力のMT15系にCS-5系の制御器で発電制動も持たないが、3M3Tの編成で勾配線区の西武秩父線へ挑む。
◎吾野付近　1975（昭和50）年5月9日

吾野駅東側の高麗川の鉄橋なので池袋線内ではあるが、101系電車は西武秩父線開業にあわせて導入された。車番は読めないが、2両目3両目が「-」付き二桁なので、1次車を1973（昭和48）年に冷房改造にあわせ6両編成化した車両。
◎吾野付近　1975（昭和50）年5月9日

さやません

狭山線

路線DATA

起点：西所沢（埼玉県所沢市西所沢1丁目）

終点：西武球場前（埼玉県所沢市上山口）

駅数：3駅

開業：1929（昭和4）年5月1日

路線距離：4.2km

1927（昭和2）年に完成した村山貯水池への観光地の足として、武蔵野鉄道山口線として1929（昭和4）年に西所沢〜村山公園間が開通したことに始まる。村山公園駅は村山上貯水池堰堤脇（現在だとCAR3219フィールドの3塁側の先）に駅があった。そのため村山貯水池際駅という駅名だったこともある。さらに1941（昭和16）年には村山駅に改称された。

　戦時中不要不急路線に指定され休止するが、1951（昭和26）年に狭山線として西所沢〜狭山湖間を復活。狭山湖駅は村山駅を300メートルほど西所沢駅寄りに移転（現在の狭山スキー場のすぐ北側付近）、1978（昭和53）年に西武園球場の改築工事に伴い現在地へ移転、翌年西武球場前駅に改称して現在に至る。

狭山湖駅付近は駅に入る手前でカーブしているのでその先、今の西武球場前駅の1番ホーム付近になるであろうか。電車はクハ1211形、ドア間の窓が6個なので武蔵野鉄道デハ1320形かサハ2320形、1931（昭和6）年の日本車輌製。電動車はモハ211形だったが、この頃はすべて制御車されクハ1211形になっている。◎狭山湖駅付近　1959（昭和34）年5月2日

西武球場前駅に101系電車が到着。野球の観客輸送に備えて3面6線の大きな駅となった。西武球場はオープン当時、観客輸送のほとんどを電車輸送で担っていた。◎1980（昭和55）年5月11日

新宿線

路線DATA

起点：西武新宿（東京都新宿区歌舞伎町1丁目）

終点：本川越（埼玉県川越市新富町1丁目）

駅数：29駅

開業：1894（明治27）年12月21日

全通：1952（昭和27）年3月25日

路線距離：47.5km

　新宿線は、国分寺駅から甲武鉄道へ乗り入れて都心直通をしていた川越鉄道が、甲武鉄道の国有化で乗り入れが出来なくなったため単独で都心を目指すのだが、その過程は新宿軌道線の項で説明するとし、その流れを継いだ旧・西武鉄道が開業した村山線が元になる。

　1927（昭和2）年、旧・西武鉄道村山線の東村山〜高田馬場間が開業。当初より複線直流1500V電化で、建設工事は鉄道聯隊の演習工事として建設費を抑えている。高田馬場から先、地下線で早稲田へ向かう計画で免許を受けたが、後に新宿角筈一丁目までの免許を受けたあと早稲田への免許は失効している。

武蔵野鉄道とはライバル会社で、さらに旧・西武鉄道は東武鉄道の資本も入っていたが、陸上交通事業調整法に基づくブロック間の調整があり、両社と食糧増産の3社が合併して1945（昭和20）年に西武農業鉄道が成立した。

　存続会社は武蔵野鉄道だが合併された感を減らすため社名は「西武」を残し、電車の色や社紋も旧・西武鉄道のものを引き継いでいる。1946（昭和21）年に社名から「農業」を外して西武鉄道になり、1952（昭和27）年の西武新宿までの開通時に川越線の東村山村～本川越間と村山線をあわせて新宿線となった。

旧西武鉄道色と新西武鉄道色（赤電）が混在していた頃。
◎西武新宿～高田馬場
（国鉄山手線の新大久保駅ホームから撮影）
1962（昭和37）年8月4日

電車の車番は読めないがモハ211形、生まれは1926（大正15）年に川崎造船所で新造した。武蔵野鉄道デハ320
形とサハ325形各2両。サハ325形は電動車化されてデハ320形と同一になる。戦後の改番でモハ211形へ。こ
のグループ4両は1960（昭和35）年に近江鉄道に譲渡されている。後のクハは国電復旧の1311形、社形と元国
電の2両編成。
◎西武新宿〜高田馬場（国鉄山手線の新大久保駅ホームからの撮影）　1957（昭和32）年2月

高田馬場から西武新宿までの延伸は戦後1952（昭和27）年、戦後獲得した鉄道聯隊の資材・設備の一部を、困窮する他
社へ融通してもらうことの見返り的な意味を含めてこの区間の免許を得たという。計画では新宿駅東口再開発計画に
あわせ、新宿ステーションビル（現・ルミネエスト新宿）に接して駅を設ける予定で仮駅での開業だった。しかしステー
ションビルの建設が遅れ、計画当時の設備では新宿線の増えた輸送量に対応できないことと新宿出店を狙う髙島屋に
対抗して地元店舗主体でのステーションビル出店の紳士協定が決まったため、西武百貨店もステーションビルに出店
が出来なくなったこともあって延長計画は断念された。その後、1977（昭和52）年に現在の駅が建設されている。電車
はモハ464、1959（昭和34）年から製造が始まった451形、20メートル3扉車であるが、国鉄101系の流れを持つ車体だ。
しかし足回りは国鉄からの昭和初期の中古品で用意された。◎西武新宿　1960（昭和35）年12月21日

電車はクハ1325、国電のモハ50系と同型の車体だが、木造国電サハ25を西武所沢工場で鋼体化した車両。
◎西武新宿～高田馬場（国鉄山手線の新大久保駅ホームから撮影）　1964（昭和39）年12月6日

451系の中でも481番台は1960（昭和35）年から登場した４両固定編成で６編成が造られた。電車はモハ485、後に空番を詰められクモハ479となる。481番台で作られたグループは６両編成４本に組成替えが行われるが、事故で相方を失ったモハ487→モハ481（２代目）を除き終始このグループだけで編成されている。
◎西武新宿～高田馬場（国鉄山手線の新大久保駅ホームから撮影）　1964（昭和39）年12月6日

電車はクハ1402、運輸省割り当て63形の供与を辞退した西武鉄道だったが、事故車のモハ63形を3両譲受け、後に同型車を1両新製し、20メートル切妻車体4扉を持つ2両編成2本が初代401系グループ。1402はモハ63046として新製後に東武鉄道に割り当てられモハ6303として使用されたが、台枠の折損事故によりメーカーへ返却。モハ63470として再生されたが、今度は漏電による火災を起こし廃車となって西武鉄道にやってきた。西武ではクハ1422で登場し→1452→1402と改番している。◎下落合　1960（昭和35）年12月31日

下落合駅の新宿方踏切から撮影されているが、今はホーム延伸で踏切の位置が変わっており、引き込み線の跡の痕跡もない。電車はモハ375、撮影年に国鉄から購入したクモハ11493を西武仕様に改装しただけの車両であり、ほぼそのまま使われた。翌年には部品確保のため電装解除されクハ1311形になっている。◎下落合　1960（昭和35）年12月31日

線路のカーブの具合から、青梅街道の踏切の北側での撮影。後ろの建物は昭和病院。電車はクハ1463、1956（昭和31）年に西武所沢工場でクハ1433として落成、1959（昭和34）年の改番でクハ1463に、1962（昭和37）年の改番でクハ1443となる。国鉄のクハ55形初期車に似た車体だが、前面貫通扉は広幅で台車はTR11と古いものが使用されている。
◎花小金井～小平　1962（昭和37）年4月16日

こくぶんじせん

国分寺線

路線DATA

起点：国分寺（国分寺市本町２丁目）

終点：東村山（東村山市本町２丁目）

駅数：５駅

開業：1894（明治27）年12月21日

路線距離：7.8㎞

西武鉄道で最も歴史の古い路線であり、1894（明治27）年に川越鉄道が国分寺〜久米川（仮）駅（現在の東村山駅付近）を開業したことに始まる。国分寺駅で接続する甲武鉄道の子会社で当初は運転を委託し、飯田町駅〜川越駅間の直通運転もあった。

　国分寺〜東村山間が電化されたのは戦後の1948（昭和23）年で、1952（昭和27）年に西武新宿駅への延伸の際、線路名称が見直され国分寺〜東村山間を国分寺線に改称されている。

国鉄側から見た国分寺線のホーム。中央線のホームは延長されたり、南側に貨物扱いヤードが出来ているが、基本的な配線は明治の頃と変わっていない。上に見えるのは多摩湖線のホーム。開業時に別会社で、地形の関係もあり完全に独立している。◎国分寺　1959（昭和34）年5月2日

多摩湖鉄道との交差部分、右手に多摩湖線の八坂駅がある。開通当時は別会社、後にはライバル会社だった時期もあるからではないが、交差部に駅は設けられていない。電車は旧・西武鉄道のクハ600形でクハ1151形、後ろも同期の電動車モハ151形。このグループ20両は地方私鉄に全車が譲渡されている。◎小川～東村山　1959（昭和34）年5月2日

上水線
（拝島線）

路線DATA	
起点：小平（東京都小平市美園町１丁目）	
終点：拝島（東京都昭島市美堀町５丁目）	
駅数：8駅	
開業：1928（昭和３）年11月２日	
全通：1968（昭和43）年５月15日	
路線距離：14.3㎞	

新宿線とつながる前、線内の折り返し運転の頃の電車は１両だった。◎青梅橋付近　1962（昭和37）年１月29日

上水線は1950（昭和25）年に旧・日立航空機立川工場専用線の譲渡を受けて非電化単線、ガソリンカーの運転で開業。専用線譲渡は立川工場用地取得とあわせてだったが、朝鮮戦争勃発でこの用地は米軍大和空軍施設に接収される。そのため米軍への輸送強化を理由に、ほとんどを国庫費用により1954（昭和29）年に電化された。しかし電化後も車両が足りないのでガソリンカーもあわせて使われた。

　拝島へは1953（昭和28）年に免許を取得。国鉄線へ乗り入れ、さらに奥多摩駅より先の東京都水道局小河内線を工事終了後に譲り受けて奥多摩開発を目指した。しかし、国鉄が難色を示したため乗り入れを断念したうえで1968（昭和43）年に拝島駅まで開業し、線名も拝島線と改称。開発先の優先順位が奥多摩から秩父へ移ったこともあろう。秩父への路線免許を取得した1961（昭和36）年に乗り入れ断念の協議を国鉄と行っている。

　小川から萩山の間は拝島への免許と同時に取得、萩山～小平間はすでに小平支線が開業していたので、これを結んで西武新宿から拝島へ直通運転を目論んだ。この区間は陸軍兵器補給廠小平分廠専用線跡（のちにブリヂストン専用線と共用）が使われている。

小川駅を出て先の直線区間。小川〜玉川上水間の区間運転だった頃。電車はモハ161、生まれは静岡電気鉄道の121。これを1939（昭和14）年に譲り受けてモハ121として使用したが、後に制御車化、クハ1121→1159→1238→1231と改番を繰り返したのち、1956（昭和31）年に再びの電動車化でモハ161へ。1959（昭和34）年には豊橋鉄道に譲渡されている。
◎小川〜青梅橋　1958（昭和33）年6月

小川駅を出て青梅橋駅に向かうまでの約1kmの直線区間。撮影記録には、電車が382-1431の編成と記載されている。モハ382は元・国鉄クモハ11477、まだ西武にこの年やってきたところだ。後にクモハ376になり、栗原電鉄に譲渡されM171となる。クハ1431は1956（昭和31）年の西武所沢工場での新製車。◎小川～青梅橋　1962（昭和37）年9月26日

青梅橋駅東側の高架化で付け替える前の旧線区間。野火止用水を渡り用水に平行に走るためにカーブする区間ところで青梅街道踏切の東側付近。電車はモハ530、1958（昭和33）年製の501形第一グループ。絵入りのサボを持つので新宿駅から直通の玉川上水駅行き。その後の新車の451、551形が出ているが、足回りが弱い経済車で作られたので501形が優先使用されている。まだカルダン車の601系は登場前の話。青梅橋は1979（昭和54）年3月に東大和市に駅名改称した。
◎青梅橋付近　1962（昭和37）年9月26日

拝島駅への乗り入れは駅構内で交差する事になる米軍横田基地への引込線との調整が遅れ、玉川上水〜拝島間の開業は
1968（昭和43）年5月15日と、免許を取得してから15年かかっている。電車はクハ1454、411形のグループは1964（昭和
39）年から701系の増結車としてクモハ411系＋クハ1451形の2両編成で19編成が西武所沢工場で製造された。増結車の

ため切妻とされ、足回りも国鉄の旧型国電の中古が用いられている。1978（昭和53）年以降に冷房改造＆高性能化を受け401系に改造されている。クモハ413-クハ1454の編成はクモハ406-405に改造され、西武での廃車後三岐鉄道に移り、クモハ103-104の編成で現役。◎拝島（国鉄八高線の拝島駅ホームから撮影）　1970（昭和45）年4月24日

多摩湖線

路線DATA

起点：国分寺（東京都国分寺市本町２丁目）

終点：多摩湖（東京都東村山市多摩湖町３丁目）

駅数：7駅

開業：1928（昭和３）年４月６日

全通：1936（昭和11）年12月30日

路線距離：9.2km

　多摩湖線は堤康次郎が興した箱根土地が小平に1925（大正14）年に開発した小平学園都市への輸送手段として国分寺村～東村山村に鉄道免許を受け、1928（昭和３）年に多摩湖鉄道の国分寺～萩山が開業した。同じ年に萩山～本小平間（(旧)西武鉄道小平駅に隣接）を開業。

　1930（昭和５）年に萩山～村山貯水池（仮）間を開業。いずれもガソリンカーでの運転だったが同年中に国分寺～村山貯水池(仮)を直流600Vで電化した。

　1932（昭和７）年に萩山～本小平間を電化。1936（昭和11）年に村山貯水池(仮)～村山貯水池（現・多摩湖）間を開業させている。1940（昭和15）年に堤康次郎が社長になった武蔵野鉄道に合併している。

終戦後、現在の西武鉄道になってからは、1949（昭和24）年に小平駅と本小平駅を統合。1955（昭和30）年に小平〜萩山間が1500Vに昇圧、1958（昭和33）年に萩山駅〜多摩湖駅間を昇圧、この時に萩山駅を移転し新宿から多摩湖駅へ直通運転が出来るようになる。1961（昭和36）年に国分寺〜萩山間を最後に全線の昇圧が完了。1962（昭和37）年に萩山〜小川間の上水線が開通、小平〜萩山間を上水線に編入し現在に至っている。

戦後すぐの多摩湖線は多摩湖鉄道からの引継車で運転されていたが、戦後、西武所沢工場で鋼体化が行われている。昇圧でこれらの車両は職を失うが、状態の良い小型車だったので全車が再就職してい

る。中にはクハ1122のように数年で譲渡のケースもあり、「売り込みのデモンストレーションのために多摩湖線で使っていたのかも？」とさえ思ってしまう。昇圧後は国分寺駅ホームを現在地へ移設するまで長く17メートル級の旧型車が使われた。

青梅街道駅の南側を萩山行が行く。駅が見えるが手前の踏切が青梅街道。電車はモハ227、前の年に多摩湖線全線の昇圧が完成し本線の電車と共通になった。227号は1941（昭和16）年に製造された旧・西武鉄道の最後の新車モハ200形で、戦後モハ221形となる。1963（昭和38）年に豊橋鉄道に譲渡されモ1701となっている。
◎青梅街道　1962（昭和37）年9月26日

多摩湖行きの電車が国分寺駅を発車する。背後に国分寺駅の場内信号機が見えるが、今は国分寺駅ホームの移転によりこのすぐ先までホームの先が来ている。電車はクハ1122、生まれは是政線用の2軸のガソリンカーキハ20形、1938（昭和13）年の日本車輛製。上水線で1957（昭和32）年まで使われたのち、西武所沢工場で車体延長工事を1958（昭和33）年に受けて多摩湖線にやってきた。そのためまだ改造直後の撮影になる。後の車両は多摩湖線用に改造されたモハ101形。直接制御車の電動車だが引き通し線を持ち、クハ先頭の運転も可能だ。クハ1122は翌1959（昭和34）年には豊橋鉄道に譲渡されてク1505となる。
◎国分寺　1958（昭和33）年6月

青梅街道駅の南側を萩山行が行く。前方には進行現示の腕木信号機が見える。電車はクハ1112、京王電気軌道の23形を多摩湖鉄道が譲渡を受けた車両。戦後、鋼製車体に更新、さらに車体延長の工事も西武所沢工場で受けている。昇圧後は3ドア化され山形交通に譲渡されてクハ11となった。◎青梅街道　1959（昭和34）年12月14日

1958（昭和33）年9月に萩山～多摩湖間の
昇圧時に萩山駅を西武新宿駅から多摩湖
駅へ直通運転できるように移転後の姿。
写真右手に以前の萩山駅があり、小平駅に
向かう線路は画面奥に見える車庫の裏手
を通っていた。車庫は多摩湖鉄道時代か
らのものでデルタ線の中に位置している
が、昔の地図を見ると開業初期からデルタ
線は存在した模様。電車はモハ311形とク
ハ1411形、311形は国鉄モハ31形の戦災国
電を再生更新したグループ。ドア窓間の
中央部分の支柱が太い。
◎萩山　1959（昭和34）年5月2日

萩山駅の配線変更と昇圧で新宿から多
摩湖へ直通電車が走り始めたころ、八坂
駅を発車する西武新宿行き、電車はモハ
311形とクハ1411形。
◎八坂　1959（昭和34）年5月2日

たまがわせん

多摩川線

路線DATA

起点：武蔵境（東京都武蔵野市境南町２丁目）

終点：是政（東京都府中市是政町５丁目）

駅数：６駅

開業：1917（大正６）年10月22日

全通：1922（大正11）年６月20日

路線距離：8.0km

多摩川の砂利採取とその輸送と販売を目的に1917（大正6）年に多摩鉄道が境（現・武蔵境）〜北多磨（現・白糸台）間を開業。1922（大正11）までに是政駅まで順次延長される。1927（昭和2）年、入間川の安比奈線で砂利採取を行っていた旧・西武鉄道が、砂利採取部門を強化するため多摩鉄道を合併し多摩線となる。

戦後、西武農業鉄道→西武鉄道に変わると是政線→武蔵境線、1955（昭和30）年に多摩川線と線名が変更されている。1950（昭和25）年に電化。多摩川線は他の西武線と国鉄線を介してしかつながっておらず、電化後は比較的古い車両が送り込まれている。

常久（現・競艇場前）駅から是政駅付近では広い範囲で砂利採取が行われ、その跡は池になり、1954（昭和29）年、競艇場が開場した。是政駅に到着する電車の奥に競艇場や砂利採取船が見える。◎是政　1957（昭和32）年9月7日

北多磨駅の北側、交差する陸橋は国道20号（甲州街道）のバイパスで1961（昭和36）年の開通、写真の時点では工事中だ。電車はクハ1160、旧・西武鉄道モハ561で1928（昭和3）年に川崎造船所で増備された。西武鉄道になってモハ162に改番されるが、1955（昭和30）年に電装解除されクハ1160となる。この頃のモハ151形グループは全鋼製の重たい車体で加速が悪いため、支線区で運用されていた。
◎北多磨付近
1960（昭和35）年8月17日

北多磨駅を出て是政駅向かう。オーバークロスする線路は京王帝都電鉄の京王線。多摩鉄道の方が後からの開通だが、地形の関係から京王電軌の線路を築堤にして対応している。電車はモハ160、旧・西武鉄道が村山線開業にあわせ川崎造船所で1927（昭和2）年から20両製造したモハ550形のグループのモハ559。屋根が深い初期の川崎造船所スタイルで、同型は目黒蒲田電鉄、阪神電鉄、長野電鉄、豊川鉄道等にも納入されている。1964（昭和39）年の廃車後は大井川鉄道へ譲渡されクハ507となった。
◎北多磨付近
1960（昭和35）年8月17日

遠くに富士山を望む築堤はお気に入り
だったのか、何回か訪れている。旧・西
武鉄道のモハ151形が坂を下っていく。
◎北多磨～競艇場前
1962（昭和37）年3月16日

競艇場前駅に武蔵境行きが進入、右手は多摩川競艇場がある池。この頃の砂利採掘は常久地区(現在の小柳町の多摩川左岸)が主力で、側線のレールも光っている。電車はクハ1159、旧・西武鉄道モハ560で、モハ161からクハ1159になるのは、先のクハ1160と同じ経歴。1964(昭和39)年の廃車後もクハ1160と2両揃って弘南鉄道に譲渡されている。
◎競艇場前
1962(昭和37)年10月31日

上の1962（昭和37）年の撮影とほぼ
同じ場所。1965（昭和40）年に多摩
川での砂利採取が全面的に禁止さ
れ1967（昭和42）年に多摩川線の貨
物営業を廃止。当然のように駅構
内の側線は無くなり、ボートレース
場は高い塀ができて外から見えな
くなった。電車はクモハ359、1954
（昭和29）年から西武所沢工場で製
造された初代モハ501形509で、1958
（昭和33）年に初代モハ411形419に
改番、1964（昭和39）年にクモハ351
形359に再度改番されている。351
形は元・国電の311，371形の置き
換えに支線区に入ったが、ホーム有
効長の関係で残った多摩湖線用以
外の車は1980（昭和55）年までに廃
車。多くは上毛電気鉄道と大井川
鐵道に譲渡され、この車両は上毛デ
ハ232となった。
◎競艇場前
1975（昭和50）年５月11日

105

初代モハ501形は初代モハ411形を経てモハ351形
に改番されている。中間車はクハ1411形を中間
車化したサハ1411形、戦後、木造国電を鋼体化し
た車両。
◎競艇場前　1975（昭和50）年 5 月11日

多摩川線の終点是政駅。多摩川の砂利の積み出
し駅だったが、砂利採取の禁止後、1967（昭和42）
年に貨物輸送は廃止され、必要最小限の敷地と
配線に改められている。電車は初代モハ501形の
モハ519として製造され、初代モハ411形モハ429
を経てモハ351形モハ369に改番されている。初
代モハ501形の511 ～ 520は新製時から鋼製屋根。
編成を組むのはクハ1430、編成の中間に入るの
で電気連結器を備え、2 両編成でも使われた。
◎是政　1975（昭和50）年 5 月11日

電気機関車・荷物電車

E11形が牽引する小型無蓋車を連ねた貨物列車が北多磨駅への坂を登る。
◎北多磨～競艇場前　1963（昭和38）年2月5日

西武鉄道は貨物輸送も多かったので多くの電気機関車を保有していた。戦前の武蔵野鉄道発注車の他、戦後の電化や輸送力増強で多数の機関車を国鉄から購入、そして西武秩父線開業時にE851形を増備している。

E 12は、武蔵野鉄道が1923（大正12）年に米国ウェスティングハウス・エレクトリック社から３両を輸入した。デキカ10形12号、B-B凸型機関車。出力が小さいので戦後は電化された多摩川線で運用されていた。1967（昭和42）年の多摩川線貨物廃止後は池袋線に戻り、1973（昭和48）年に廃車。しかし解体は免れ現在は保谷電留線で保管されている。
◎北多磨　1962（昭和37）年10月31日

E43は青梅鉄道が英国イングリッシュ・エレクトリック社から1927（昭和2）年に輸入した2号形3号。青梅鉄道の買収で国鉄1013→ED362を経て1960（昭和35）年に西武鉄道へやってきた。同型機の多い車であるが、青梅鉄道が発注した4両は経過が違いながらも全車を西武鉄道が譲り受けている。1987（昭和62）年に廃車になったが、現在も横瀬車両基地に保存。◎飯能　1975（昭和50）年5月9日

E22は、武蔵野鉄道デキカ21形22号、1927（昭和2）年に川崎造船所で2両が作られた小田急ED1011形や岳南ED501と同型。1978（昭和53）年に廃車。2両目のワフ2は1967（昭和42）年に西武所沢工場でト31形から改造されたもの。◎飯能　1975（昭和50）年5月9日

所沢駅の建設の経緯から、池袋方面と新宿方面は別々の方向へ向かう。各線がライバル会社だった当時はトラブルも多かったという。副本線に下り貨物列車、続いて４番線に飯能方面の電車が到着。◎所沢　1959（昭和34）年５月２日

池袋方面に向かう貨物列車。E31は東芝の標準電気機関車のように見えるが、1955（昭和30）年に西武所沢工場で製造したコピー機。東芝標準型は板台枠の台車が基本だが、電車用のTR14になっている。当初E32（二代目）だったが1961（昭和36）年にE31（初代）と番号を交換しE31（二代目）となる。1963（昭和38）年に越後交通に譲渡され、同社長岡線のED311となった。
◎大泉学園～保谷
1962（昭和37）年4月16日

西武鉄道と国鉄線の貨物の中継は池袋駅と国分寺駅で行われていたので、国分寺線の貨物の量は多かった。スイス生まれのE51牽引の貨物列車の列は長い。27キロポストは戸倉通りの恋ヶ窪2号踏切の北側にある。まだ比較的緑が残る場所だが、線路東側は住宅地になり昔の面影はない。
◎恋ヶ窪～鷹の台
1961（昭和36）年11月16日

国分寺線の貨物列車が発車を待つ。E51は、1923（大正12）年製造の鉄道省1020（国鉄ED12 1）を1950（昭和25）年に譲り受けたものの。スイスのブラウン・ボベリ製造のB-B箱型で、東海道線電化に向けて輸入した機関車。1400mmの大きな動輪を持つ。◎国分寺（国鉄中央線の国分寺駅ホームから撮影）　1958（昭和33）年8月16日

E853は西武秩父線開業にあわせ1969（昭和44）年に三菱電機・三菱重工で4両製造された機関車の1両で、社内では「ジャンボ」と呼ばれている。将来輸送量が増えたときは追加で3両増備の予定だったが実現しなかった。F型の大型電気機関車で25‰の勾配区間で1000t貨物を牽引できるよう重連総括装置も装備。国鉄のEF65型をベースにして当時EF81を製造していた三菱電機・三菱重工が西武秩父線用に仕様をあわせた。
◎吾野付近　1975（昭和50）年5月9日

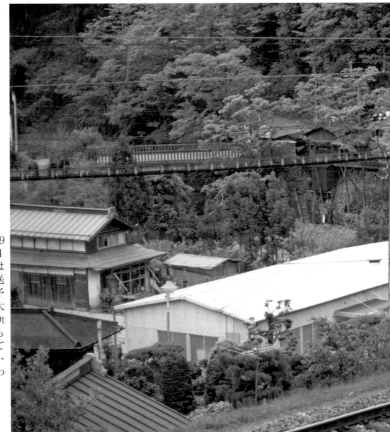

E61は1923（大正12）年米国ゼネラル・エレクトリック社製の鉄道省1010形1010号で、東海道線電化に向けて輸入した機関車。後に国鉄ＥＤ11 1となり1960（昭和35）年に西武鉄道へやってきた。1987（昭和62）年に廃車になったが、現在も横瀬車両基地に保存されている。◎所沢　1975（昭和50）年5月9日

かつて上り屋敷駅があった付近を行く荷物電車。クモニ1（初代）は国鉄の木造車体を譲り受けたもの。
◎池袋〜椎名町　1962（昭和37）3月31日

モニ1（初代）は、国鉄クモニ3412を1960（昭和35）年に払い下げを受けた、西武鉄道初の荷物専用電車。国鉄時代の変遷は1924（大正13）年日本車輌製造のデハ63113→1928（昭和３）年称号改正モハ10013→1933（昭和８）年荷物車改造モニ13007→1953（昭和28）年称号改正クモニ3412。池袋線の荷物輸送で使われたが1963（昭和38）年に廃車になっている。
◎保谷付近　1962（昭和37）年４月16日

クモニ2は、身延線で使われていた元・国鉄モハ14100を1960（昭和35）年に西武が譲渡を受けモハ352へ。しかし2扉クロスシート車と使いにくく1964（昭和39）年に荷物電車に改造したもの。後の車はクモニ4で、元・国電31形のクモハ338を1967（昭和42）年に荷物電車に改造したもの。車体は大きく手を入れられていて、元の面影は少ない。
◎所沢　1975（昭和50）年5月9日

山口線
（おとぎ電車）

路線DATA	
起点：遊園地前（埼玉県所沢市山口）	
終点：ユネスコ村（埼玉県所沢市上山口）	
駅数：2駅	
開業：1950（昭和25）年8月1日	
全通：1951（昭和26）年9月16日	
廃止：1984（昭和59）年5月14日	
路全距離：3.7km	

1950（昭和25）年に西武園遊園地（現・西武園ゆうえんち）の遊戯施設「おとぎ電車」として上堰堤～多摩湖ホテル前（後の遊園地前）を開業。上堰堤駅は今の狭山スキー場南側（当時は建設前）、多摩湖ホテル前駅は昔の西武園遊園地の入り口付近（現在の富士見天望塔付近）にあった。

　翌1951（昭和26）年にユネスコ村開園にあわせ上堰堤～ユネスコ村間を延長（上堰堤駅は旅客営業を止めて山口信号場となる）。1952（昭和27）年に多摩湖鉄道が1929（昭和4）年に路線延長線として取得していた東村山村～山口村間の鉄道敷設免許を使って地方鉄道に転換。

　1984（昭和59）年5月、新交通システム（現・山口線）の建設のため休止、普通の鉄道線としての運転を終了している。軌間は762mmの非電化路線で、資材は鉄道聯隊からの払い下げ品が使われた。

おとぎ電車、ユネスコ村駅発車！◎1961（昭和36）年5月28日

おとぎ電車はＢ型の蓄電池機関車とオープンスタイルの客車で構成され、遊戯施設時代は１編成、地方鉄道転換後は機関車６両と客車19両の陣営となった。電車はＢ15機関車牽引の１形客車３両編成。Ｂ15は1960（昭和35）年西武所沢工場製、休止後は大井川鐵道に譲渡され、現在は浜松のハレルヤコミュニティーチャーチで保存されている。客車の１形は鉄道聯隊の97式軽貨車用を改造した台車に西武所沢工場でオープンスタイルの車体を組み合わせた。
◎ユネスコ村　1961（昭和36）年５月28日

1972（昭和47）年の鉄道100年を記念して頸城鉄道と井笠鉄道からコッペル社製の蒸気機関車を借りて運転していたが、1976（昭和51）年の運転を最後に両社に返還。トンネルの切通し化など線路設備を改修の上翌年からは台湾の台糖公司で使われていた蒸気機関車の譲渡を受け運転している。遊園地前駅は多摩湖ホテルの閉館により1963（昭和38）年に多摩湖ホテル前駅から西武遊園地駅に、1979（昭和54）年に遊園地前駅に改称している。5形蒸気機関車527号は、1922（大正11）年コッペル社製の従輪を持つCタンク機関車で軽便鉄道としては大型なもの。廃車後は西武ゆうえんちに保存されていたが、現在は台湾の博物館へ里帰りしている。赤い客車は蒸気機関車運転開始時に井笠鉄道から譲渡を受けた。

◎遊園地前　1980（昭和55）年5月11日

５形蒸気機関車527号は、1922（大正11）
年コッペル社製、台湾の台糖公司が保有
していたものを譲り受けた。キャブに付
くマークは台湾糖業公司のもの。1984
（昭和59）年の廃車後、北海道の丸瀬布
町にある「丸瀬布森林公園いこいの森」
へ移動し現在も保存されている。
◎遊園地前
1980（昭和55）年５月11日

新宿軌道線（後の都電杉並線）

路線DATA

起点：新宿駅前

終点：荻窪

停留場数：19停留場（廃止時）

開業：1921（大正10）年8月26日

全通：1926（大正15）年9月15日

廃止：1963（昭和38）年12月1日

路全距離：7.3km

　都営杉並線は西武軌道が1921（大正10）年に淀橋〜荻窪間を開業した青梅街道上の路面電車。現在の西武鉄道とは直接の関係はないが「西武」の名前の由来はここにある。明治・大正期に開業した電気鉄道会社は発電や電灯事業も行っているので、少々話は長くなるが、武蔵水電は1904（明治37）年に電気事業者として埼玉県で電灯供給を開始した川越電気軌道に始まる（鉄道部門の開通は1906（明治39）年）。1913（大正2）年事業拡大のため神流川の水力発電事業を行うため武蔵水電を起し同年末に川越電気軌道を合併、1920（大正9）年に川越鉄道を合併する。

　甲武鉄道の国有化で都心への乗入れルートを失った川越鉄道は都心への鉄道建設を目論んで、1916（大正5）年に村山軽便鉄道が持っていた箱根ヶ崎〜東村山〜田無〜吉祥寺間の免許を譲受。武蔵水電になった後に、新宿〜田無間の免許を持ち一部施設や車両を発注しながら幹部の放漫経営で開業できないでいた西武軌道を支援し、この淀橋〜荻窪を1921

（大正10）年に開業させたのち合併している。この2社の免許と軌道線で新宿を目指したが、路面電車では高速輸送には不向きで、免許の東村山〜田無〜荻窪と、のちに支線として追加した下井草〜高田馬場、そして地下線で当時市電の接続があった早稲田に向かうこととし、軌道線は鉄道線延長計画からは外された。

1922（大正11）年に武蔵水電は帝国電灯に合併されるが、帝国電灯は鉄道経営の意思はなく、鉄軌道部門は旧・西武鉄道を設立し譲渡されている。この時の社紋は西武軌道の「西」をデザインしたものが使われ。これが武蔵野鉄道との合併後の西武農業鉄道、そして現在の西武鉄道の前の社紋に引き継がれている。

さて旧・西武鉄道合併後であるが、1922（大正11）年の年末、省鉄線のガード下の角筈まで、1926（大正15）年に新宿駅前（現在のルミネエスト新宿の北側）まで延伸。青梅街道を進む路面電車とあって当初輸送量は多かったが、並行してバスが走り始めると乗客は減少、1935（昭和10）年に経営を東京乗合自動車に委託。1938（昭和13）年東京乗合自動車は東京地下鉄道に合併、同社が経営を委託。1942（昭和17）年、陸上交通事業調整法により、東京市電気局の運行管理に変わり市電に路線編入、翌年東京都発足で東京都交通局に改組した。

1944（昭和19）年にガードの西側から新宿駅前の区間を休止。1951（昭和26）年、西武鉄道新宿軌道線を東京都が正式買収。これで西武鉄道と都営杉並線との関係は無くなるのだが、このときに買収されたのは営業していた区間のみ。したがって角筈一丁目と新宿駅前の区間は西武鉄道の休止線のまま残り、実現はしなかったがこの休止線を盾に新宿線の新宿駅前延伸を計画したのだった。

電車の奥で線路が左に曲がっているが、この交差点が現在の新都心歩道橋下、新宿駅付近では地下鉄丸の内線の工事が始まっている。電車は2004、1951（昭和26）年に新宿軌道線や都電の木造車を鋼体化して生まれたグループ。新宿軌道線由来の車は台車も更新されており、一部の部品か車籍上引き継いだだけのようだ。左のバスは西武自動車（現・西武バス）、塗装は2020（令和2）年に「S-tory」のカラーリングになるまで1951（昭和26）年から使われている。シャーシメーカーは分からないが、富士重工のT5型ボディを持つキャブオーバーエンジンバス。
◎新宿駅前
1959（昭和34）年6月28日

西武鉄道の時刻表（1959年9月）

34. 9. 1 改正　西武鉄道各線　電　通

池袋線

初	電	終			電	キロ程	運賃	駅　名	初	電	終	電		運転間隔
…	455	2200	2330	2400	020	040	0.0	円 発池　袋国着↑	452	537	605	635	026	035 …	2—5分
…	500	レ	2335	005	025	045	3.2	10 〃東長崎発	447	532	600	630	021	030 …	
…	502	レ	2337	007	027	047	4.4	10 〃江古田〃	445	530	558	628	019	028 …	3—5分
…	505	2207	2340	010	030	050	6.1	20 〃練　馬〃	441	526	554	624	015	024 …	
…	512	2213	2347	017	037	057	10.7	30 〃石神井公園〃	434	519	547	617	008	017 …	
448	518	2219	2353	023	043	103	14.4	40 〃保　谷〃	429	514	542	612	003	012 056	3—10分
451	521	2222	2356	026	046		16.5	40 〃ひばりケ丘〃	…	511	538	608	2400	009 053	
456	526	2227	001	031	054		19.7	50 〃清　瀬〃	…	506	533	603	2355	004 048	10—20分
503	533	2234	010	039	…		24.9	60 〃所　沢〃	…	…	523	553	2348	… 041	
507	537	2239	015	…	…		27.3	70 〃西所沢〃	…	…	520	550	2344	… …	15—30分
522	552	2254	029	…	…		37.0	90 〃豊岡町〃	…	…	505	535	2329	… …	
534	604	2304	039	…	…		43.8	110 着飯　能発	…	…	…	456	526	2319 …	
536	606	2311					43.8	110 発飯　能着	…	…	…	520	2307	…	30—60分
537	607	2312					44.6	110 〃東飯能〃	…	…	…	518	2305	…	
557	627	2330					57.9	130 着吾　野発↓	…	…	…	501	2248	…	

準　急　池袋発 700—2200　飯能発 612—2043　各15—30分毎
休日急行　池袋—吾野　池袋発 653. 753. 853　　池袋—狭山湖　池袋発 914. 944. 1014
所要70分　吾野発1613.1713.1813　　所要40分　狭山湖発1507.1537.1607.1637

新宿線

初	電	終			電	キロ程	賃	駅　名	初	電	終	電		運転間隔
…	4 54	23 09	23 20	23 48	0 05	0・35	0.0	円 発西武新宿着↑	4 50	5 34	6 00	0 07	0 28	
…	4 57	23 12	23 23	23 51	0 08	0 38	2.0	10 〃高田馬場国発	4 46	5 31	5 57	0 04	0 25	3—8分
…	5 03	23 19	23 30	23 58	0 15	0 45	5.3	20 〃新井薬師前〃	4 40	5 25	5 50	23 57	0 18	
…	5 10	23 26	23 36	0 05	0.21	0 51	8.5	20 〃鷺ノ宮〃	4 33	5 18	5 43	23 50	0 12	
4 51	5 18	23 29	23 40	0 11	0 30	1 00	12.8	30 〃上石神井〃	4 25	5 10	5 35	23 42	0 04	8 分
4 53	5 21	23 36	23 47	0 15	0 32	…	14.1	40 〃武蔵関〃	…	5 07	5 33	23 40	0 01	8—15分
4 59	5 27	23 42	23 53	0 21	0 38	…	17.4	50 〃田　無〃	…	5 01	5 27	23 34	23 55	
5 06	5 34	23 49	24 00	0 28			22.6	60 〃小　平〃	…	4 54	5 21	23 27	23 49	
5 11	5 39	0 05	0 33	…			26.0	70 〃東村山〃	…	4 49	5 14	多23 21	23 43	15 分
5 16	5 44	0 12	0 38	…			28.9	70 〃所　沢〃	…	4 45	5 11	摩23 10	23 39	
5 28	5 56	0 24	…	…			38.6	100 〃入間川〃	…	…	4 58	湖23 23	23 26	15—30分
5 38	6 06	0 34	…				47.7	100 着本川越発↓	…	…	4 47	発	23 13	

急行 { 西武新宿発 725— 927　1628—1928 } 30分毎　　西武新宿—西武園　所要39分　70円
　　 { 本川越発 609— 813　1513—1813 }　　休日急行 { 西武新宿発 835—1305 } 15分毎
急行停車駅…高田馬場. 鷺ノ宮. 上石神井. 田無　以後各駅　　　　　　　 { 西武園発 1435—1918 }

支　線

初	電	終	電	キロ程	運賃	駅　名	初電	終電	運転間隔
…	547	2355	…	0.0	円	発池　袋国着↑	544	002	
523	557	005	…	6.1	20	〃練　馬発	534	2352 012	10—15分
525	600	008	…	7.1	20	着豊島園発↓	531	2349 010	
…	633	2309	…	0.0	円	発西武新宿着↑	608	028	
714	2312	…		22.6	60	〃小　平発	527	2349	
507	719	2349	…	23.7	60	〃萩　山〃	524	2339 009	15—30分
514	717	2359	…	27.9	70	着多摩湖発↓	517	2332 002	
…	557	2258	2335	0.0	円	発武蔵境国着↑	547	2329 2353	
526	608	2307	2346	5.0	20	〃北多磨〃	537	2319 2343	20—40分
530	612	2312	…	9.0	20	着是　政発↓	537	2315	

初電	終電	キロ程	運賃	駅　名	初電	終電	運転間隔
518	2350	0.0	円	発国分寺国着↑	517	2336	15—30分
530	002	4.7	10	着萩　山発↓	505	2324	
605	2237	0.0	円	発小　川着↑	621	2253	20—40分
612	2244	4.6	10	着玉川上水発↓	614	2246	

大宮国—本川越

大宮発 605—2145　約30分毎
本川越発 605—2105　運転
15.6キロ　所要45分　55円

運賃	駅　名	初電	終電	運転間隔
円	発国分寺国発	519	002	
20	小　川〃	527	010	20—40分
20	東村山着	531	013	

キロ程	駅　名	初電	終電	運転間隔
	東村山　発	505	2347	
2.7	小　川〃	508	2350	20—40分
7.8	国分寺国着	516	2358	

初電	終電	キロ程	運賃	駅　名	初電	終電	運転間隔
530	2111	0.0	円	発西所沢着	548	2136	30分
536	2117	4.5	10	着狭山湖発	542	2130	
530	2225	0.0	円	発東村山着	543	2253	15—30分
534	2229	2.4	10	着西武園発	539	2249	

画像提供：国立国会図書館

第2章
他社に譲渡された車両

西武所沢工場は西武鉄道の新車を製造する傍ら、代替になった車両を
改造し中小私鉄への売り込みも積極的に行っていた。
それらの車両からヒギンズさんが撮られていた車両を紹介。

弘南鉄道弘南線

羽後交通雄勝線

総武流山電鉄流山線

伊豆箱根鉄道大雄山線

伊豆箱根鉄道駿豆線

岳南鉄道岳南線

大井川鉄道大井川本線

遠州鉄道西鹿島線

松本電気鉄道上高地線

豊橋鉄道渥美線

近江鉄道本線

一畑電気鉄道北松江線

伊予鉄道群中線

弘南鉄道弘南線

◎弘南鉄道モハ2232-クハ1267　南弘前付近　1970（昭和45）年5月18日

弘南鉄道には武蔵野鉄道からデハ5550形（西武モ
ハ231形）、旧・西武鉄道からモハ550形（西武モハ
151形）などと、武蔵野鉄道のデキカ13（西武E13）が
譲渡されている。

羽後交通雄勝線

◎羽後交通雄勝線デハ6　栲　1961（昭和36）年10月8日

羽後交通雄勝線には昔の西武軌道線の車両を車体新製した西武鉄道モハ104が1958（昭和33）年に譲渡され、同社デハ6となった。

総武流山電鉄

◎総武流山鉄道モハ1001-クハ52　鰭ヶ崎付近　1975（昭和50）年5月7日

現在の流鉄は所属車両全車が西武鉄道からの譲渡車だが、流山電気鉄道時代の1963（昭和38）年に西武クハ1212、1213（武蔵野鉄道デハ1320形）をモハ1001とクハ52としたのに始まる。

伊豆箱根鉄道大雄山線

◎伊豆箱根鉄道大雄山線モハ157-サハ84-モハ158　和田河原付近　1973（昭和48）年5月5日

グループ会社の伊豆箱根鉄道だが、西武鉄道からの譲渡車は少ない。大雄山線は急カーブがある関係で17メートル級国電車両が活躍したが、国鉄や相模鉄道からの譲渡車が多数を占め、同じグループの西武鉄道311形からの譲渡はクモハ314、315の２両にとどまる。

伊豆箱根鉄道駿豆線

◎伊豆箱根鉄道駿豆線モハ1014-サハ2008-モハ1013　大仁付近　1980（昭和55）年9月20日

1975（昭和50）年に踏切事故による車両不足解消のため西武501系を借り入れた。その後、1974（昭和49）年までに計3編成が入線。3両編成化されたがほぼ西武時代のまま使われた。1987（昭和62）年以降、1100系（西武701系）に置き換えられるが、この1100系も1300系（西武 新101系）で置き換えられている。

岳南鉄道

◎岳南鉄道クハ1210-モハ1103　岳南江尾付近（横切る線路は東海道新幹線、電車にしめ縄がついていることに注目）
1965（昭和40）年1月2日

西武鉄道からは1949（昭和24）年にサハ106とク
ハ1210の２両が譲渡された。クハ1210は鉄道局が
1890（明治23）年に新橋工場で製造した16メートル
級木造客車ホユニ5067。

　1941（昭和16）年に鉄道省釧路工場で台枠を利用
し車体を新製、武蔵野鉄道サハ122となり、制御車
化と後の改番でクハ1210となる。岳南鉄道では同
じ車号で使用され、1968（昭和43）年に廃車。

大井川鉄道大井川本線

◎大井川鉄道モハ307-クハ507　千頭　1973（昭和48）年6月1日

現在もお座敷客車や展望車に改造されて西武鉄道
の譲渡車が活躍する大井川鐵道だが、かつては多数
の西武鉄道の電車が活躍していた。元・西武550形

（西武モハ159、160）の２両は1964（昭和39）年に譲
渡され、ペアで使用された。

遠州鉄道西鹿島線

◎遠州鉄道ED212　遠州上島　1973（昭和48）年 5 月12日

1956（昭和31）年に貨物輸送増強用のため西武E32の譲渡を受けた。東芝の戦時標準設計型の見込み生産品のデッドストックを1948（昭和23）年に購入したもの。ただし西武時代に電装品や台車を電車型に、遠鉄移籍時に限界に抵触するため車体幅を縮めている。

松本電気鉄道上高地線

◎松本電気鉄道 13　西松本付近　1956（昭和31）年 8 月 5 日

1950（昭和25）年に入線したデハ13は、1923（大正12）年に武蔵野鉄道が電化に際して新造したサハ105後に西武モハ105だが、戦後車両が逼迫してい

た近江鉄道に貸し出され、返還後、松本にやってきた。木造車体だったため、1960（昭和35）年に日車標準型車体で鋼体化されモハ107となる。

豊橋鉄道渥美線

◎豊橋鉄道モハ1701-クハ2701　芦原〜植田　1973（昭和48）年 5 月12日

かつては名鉄、現在は東急車が活躍する渥美線だが、以前は西武鉄道からの譲渡車も混じっていた。元・西武200形の最後まで残った西武モハ227-クハ1222が1963（昭和38）年に譲渡され、ペアで使用された。

近江鉄道

◎近江鉄道1205-7　水口付近　1961（昭和36）年 4 月 9 日

近江鉄道はグループ会社であり現在に至るまで多くの車両が譲渡されているが、武蔵野鉄道モハ320形（西武モハ210形）が1960（昭和35）年に近江鉄道に譲渡、同社モハ7 〜 9、クハ1205,1206,1208となった。

一畑電気鉄道

◎一畑電鉄クハ161-モ
ハ61　北松江
1962（昭和37）年6月1日

現在は一畑電車となっている一畑電気鉄道でもかつては多くの西武鉄道からの譲渡車が活躍した。一畑60形は元・西武200形（西武モハ221形）を1960（昭和35）年から翌年にかけて西武所沢工場で2扉クロスシートに改造し急行電車用として2両3編成が登場している。

伊予鉄道

◎伊予鉄道モハ113-クハ412-モハ114　地蔵町付近　1973（昭和48）年５月18日

伊予鉄道には横河原線の電化に際して1967(昭和
42)年に元・西武550形(西武モハ151形)のグループ
8両が譲渡されている。

J.Wally Higgins（ジェイ・ウォーリー・ヒギンズ）

　1927（昭和２）年合衆国ニュージャージー州生まれ。父が勤めていたリーハイバレー鉄道（ニューヨークとバッファローを結ぶ運炭鉄道）の沿線に生家があり、母と一緒に汽車を眺めたのが鉄道趣味の始まりだった。

　大学卒業後、アメリカ空軍に入隊。1956（昭和31）年、駐留米軍軍属として来日、1年の任期後約２か月間で全国を旅し、日本の鉄道にはまってしまう。1958（昭和33）年、再来日。それ以降、全国の鉄道を撮りに出かけるようになる。1962（昭和37）年からは帰国する友人の仕事を引き継ぎ、国鉄国際部の仕事を手伝うようになり、現在もJR東日本の国際事業本部顧問を務める。

　氏は、鉄道の決めのポーズや形式写真には後々の保存性を考え大判の白黒フィルムを用いた。しかし、友人たちに伝える日本の風俗や風景（もちろん鉄道も含むが）のようなスナップ的な写真にはコダクロームを用いている。理由は、当時基地内で購入・現像できたので、一番安価だったとのこと。

　今回のシリーズは、それらカラーポジから首都圏の大手私鉄各社を抜き出したものである。

【写真解説】
安藤 功（あんどう いさお）
1963（昭和38）年生まれ。
NPO法人名古屋レール・アーカイブス理事
国鉄最終日に国鉄線全線完乗。現在は全国の駅探訪を進め、
残り数百駅ほど。

NPO法人名古屋レール・アーカイブス（略称NRA）
貴重な鉄道資料の散逸を防ぐとともに、鉄道の意義と歴史を正しく後世に伝えることを目的に、2005（平成17）年に名古屋市で設立。2006（平成18）年にNPO法人認証。所蔵資料の考証を経て報道機関や出版社、研究者などに提供すると共に、展示会の開催や原稿執筆などを積極的に行う。本書に掲載したヒギンズさんの写真は、すべてNRAで所蔵している。会員数41名、賛助会員1社（2022年1月現在）

旧・静岡電気鉄道のモハ161
◎玉川上水　1958（昭和33）年７月

ヒギンズさんが撮った 西武鉄道
コダクロームで撮った1950～70年代の沿線風景

発行日………………2022年2月5日　第1刷　※定価はカバーに表示してあります。

著者………………(写真) J.Wally Higgins　（解説）安藤 功
発行者………………春日俊一
発行所………………株式会社アルファベータブックス
　　　　　　　　　　〒102-0072　東京都千代田区飯田橋2-14-5 定谷ビル
　　　　　　　　　　TEL. 03-3239-1850　FAX.03-3239-1851
　　　　　　　　　　https://alphabetabooks.com/

編集協力………………株式会社フォト・パブリッシング
デザイン・DTP………柏倉栄治
印刷・製本……………モリモト印刷株式会社

ISBN978-4-86598-879-6　C0026